Quando eu tô tristinha

Sam Sagolski
Ilustrado por Daria Smyslova

www.kidkiddos.com
Copyright ©2025 by KidKiddos Books Ltd.
support@kidkiddos.com

Translated from English by Milena Rocha
Traduzido do inglês por Milena Rocha

Library and Archives Canada Cataloguing in Publication
When I Am Gloomy (Brazilian Portuguese edition)/Shelley Admont
ISBN: 978-1-83416-525-7paperback
ISBN: 978-1-83416-526-4 hardcover
ISBN: 978-1-83416-524-0 eBook

Please note that the Brazilian Portuguese and English versions of the story have been written to be as close as possible. However, in some cases they differ in order to accommodate nuances and fluidity of each language.

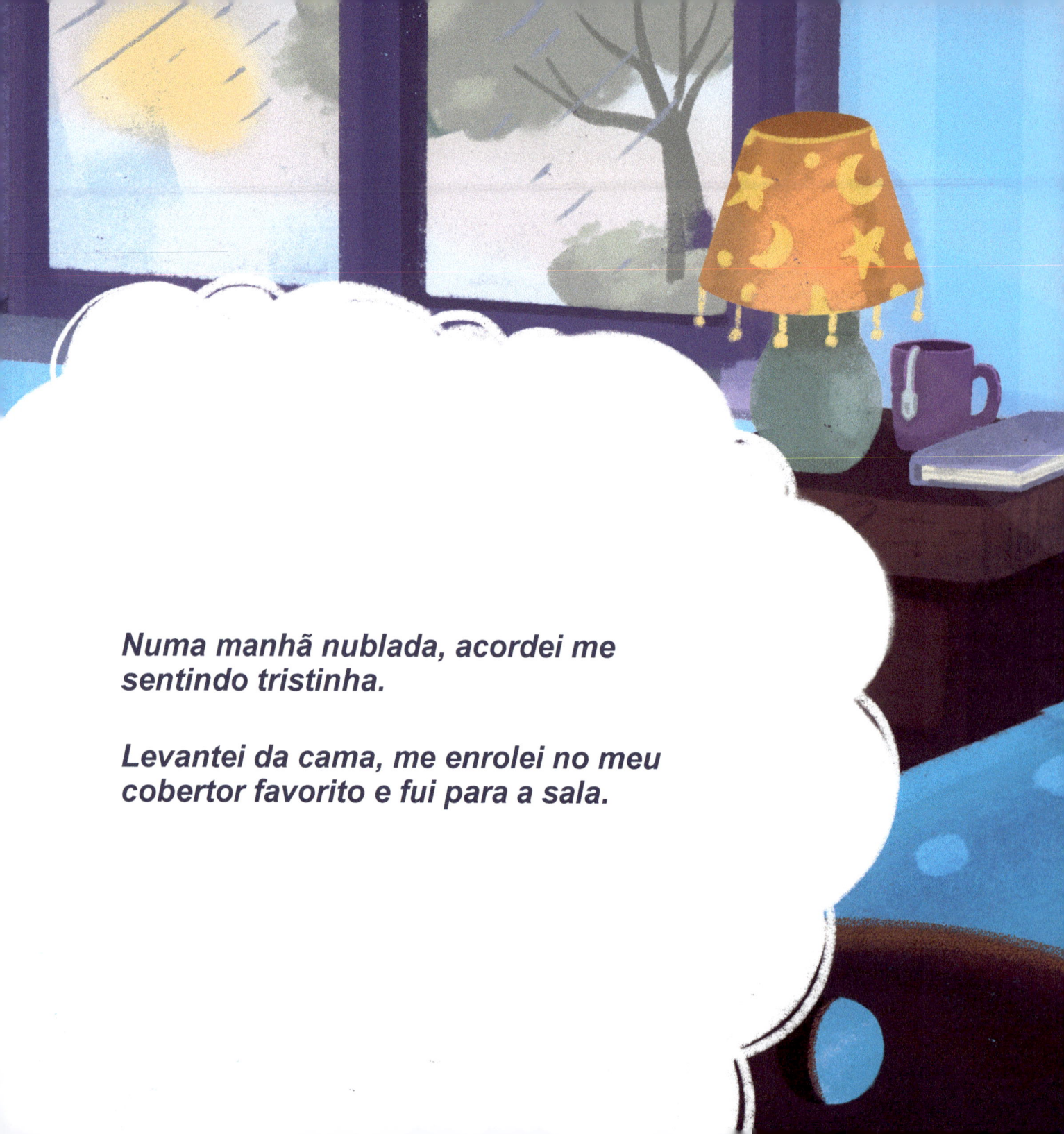

Numa manhã nublada, acordei me sentindo tristinha.

Levantei da cama, me enrolei no meu cobertor favorito e fui para a sala.

"Mamãe!" chamei. "Eu tô de mau humor."

Mamãe levantou os olhos do livro. "Mau humor? Por que você diz isso, querida?" perguntou ela.

"Olha o meu rosto!" **eu disse, apontando para as minhas sobrancelhas franzidas. Mamãe sorriu com carinho.**

"Meu rosto não tá feliz hoje," **murmurei.** *"Você ainda me ama quando eu tô tristinha?*

"Claro que eu te amo," disse Mamãe. "Quando você tá tristinha, eu quero ficar pertinho, te dar um abração e te animar."

Isso me fez sentir um pouco melhor, mas só por um segundo, porque aí comecei a pensar em todos os meus outros sentimentos.

"Então... você ainda me ama quando eu tô brava?"

Mamãe sorriu de novo. "Claro que sim!"

"Tem certeza?"
perguntei,
cruzando os
braços.

"Mesmo quando você tá brava, eu ainda sou sua mãe. E te amo do mesmo jeitinho."

Respirei fundo. "E quando eu tô tímida?" sussurrei.

"Eu também te amo quando você tá tímida," disse ela. "Lembra quando se escondeu atrás de mim e não quis conversar com o vizinho novo?"

Eu fiz que sim com a cabeça. Eu lembrava bem.

"E aí você disse oi e fez um novo amigo. Eu fiquei tão orgulhosa de você."

"Você ainda me ama quando eu faço muitas perguntas?"
continuei.

"Quando você faz muitas perguntas, como agora, eu
posso te ver aprendendo coisas novas que te deixam
mais esperta e forte a cada dia," respondeu Mamãe.
"E sim, eu ainda te amo."

"E se eu não tiver vontade de conversar?" continuei perguntando.

"Vem cá," disse ela. Eu me sentei no colo da mamãe e deitei minha cabeça no seu ombro.

"Quando não quer conversar e só quer ficar quietinha, você começa a usar a sua imaginação. Eu adoro ver o que você inventa," respondeu Mamãe.

Então, ela sussurrou no meu ouvido: "Eu também te amo quando você tá quietinha."

"Mas você ainda me ama quando eu tô com medo?" perguntei.

"Sempre," disse Mamãe. "Quando você tá com medo, eu te ajudo a olhar se tem algum monstro embaixo da cama ou dentro do armário."

Ela me deu um beijo na testa. "Você é tão corajosa, meu amor."

"E quando você tá cansada," disse ela baixinho, "eu te cubro com seu cobertor, te dou seu ursinho e canto nossa canção especial."

"E se eu tiver muita energia?" perguntei, me levantando num pulo.

Ela riu. "Quando você tá cheia de energia, a gente anda de bicicleta, pula corda ou corre lá fora. Eu amo fazer tudo isso com você!"

*"Mas você me ama quando eu não quero comer brócolis?"
coloquei a língua para fora.*

*Mamãe riu. "Igual àquela vez que você deu seus brócolis
pro Max? Ele adorou."*

"Você viu?" perguntei.

"Claro que vi. E mesmo assim, eu ainda te amo."

Pensei por um momento e, então, fiz uma última pergunta:

"Mamãe, se você me ama quando eu tô tristinha ou brava... você ainda me ama quando eu tô feliz?"

"Ah, minha querida," disse ela, me abraçando de novo, "quando você tá feliz, eu também fico."

Ela me deu um beijo na testa e acrescentou: "Eu te amo quando você tá feliz do mesmo jeito que te amo quando tá triste, brava, tímida ou cansada."

Eu me aconcheguei no colo dela e sorri. "Então... você me ama o tempo todo?" perguntei.

"O tempo todo," disse ela. "A cada sentimento, a cada dia... eu te amo sempre."

Enquanto ela falava, comecei a sentir um quentinho no coração.

Olhei para fora e vi as nuvens flutuando para longe. O céu estava ficando azul e o sol apareceu.

Parece que o dia ia ser lindo, afinal.